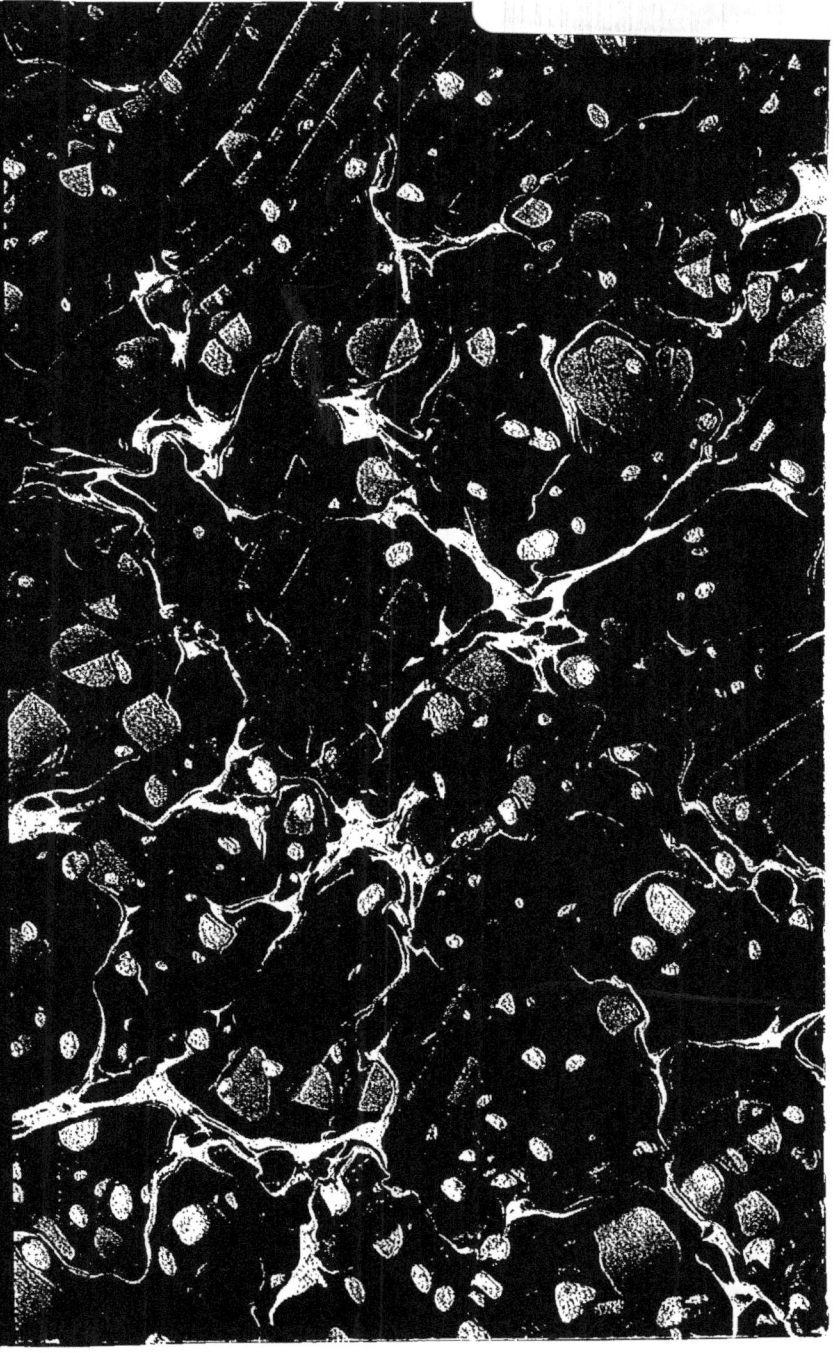

PIERRE PETIT

SIMPLES CONSEILS

MANUEL
INDISPENSABLE AUX GENS DU MONDE

DEUXIÈME ÉDITION, AVEC VIGNETTE

TEXTE DE

MM. ..... Francis Wey, Janicot
..... Charles Gilbert
..... Théodore Pelloquet, etc., etc.

PARIS
EN VENTE CHEZ TOUS LES LIBRAIRES

PIERRE PETIT

PIERRE PETIT

—

SIMPLES CONSEILS

MANUEL

INDISPENSABLE AUX GENS DU MONDE

—

PREMIÈRE ÉDITION, AVEC VIGNETTE

— —

TEXTE DE

MM. Émile de la Bédollière, — Louis Figuier, — Francis Wey,
Janicot, — Paul Ferry, — Charles Coligny, — Henri Desroches,
Éliacim Jourdain, — Théodore Pelloquet, etc., etc.

PARIS

EN VENTE CHEZ TOUS LES LIBRAIRES

1862

C.

A PIERRE PETIT

Ami, ton art est art divin
A l'égal de l'art du Corrége
Et de tout le sacré cortége
Du Sanzio, du Pérugin.

Au lieu de laque et de carmin,
De *blancs* qui font les seins de neige
(Le dieu des Muses te protège),
Ta couleur est un bel or fin !

J'ouvre ta riche galerie :
Et j'y trouve une œuvre fleurie :
Delphine Champou, — ange au ciel.

Artiste à l'âme grande et fière,
Tu peins avec de la lumière :
Ta palette, c'est l'arc-en-ciel !

ÉLIACIM JOURDAIN, auteur d'*Edmée.*

1

LIVRE PREMIER

—

CHAPITRE PREMIER

DE L'ART

La photographie est un art.

Nul doute ne saurait exister désormais à ce sujet, et tout esprit sérieux consulté, peut et doit répondre hardiment et avec confiance : oui, la photographie est un art, un art comme la peinture, la gravure, la lithographie. Vainement objectera-t-on que la photographie manque d'inspiration; vainement essayera-t-on de prétendre que les œuvres de la photographie ne sont que le résultat d'opérations purement mécaniques. C'est là une erreur déplorable, mise en circulation par un préjugé de parti pris,

contre lequel nous protestons hautement et que nous ne cesse-
rons de combattre.

Certes, nous ne parlerions pas ainsi si pour être photograhe
(et par ce mot nous entendons, non les industriels photographes
mais seulement les artiste photographes) il suffisait de posséder
un appareil et de savoir combiner des produits chimiques. Mais
est-ce là la vérité? Où trouver un instrument, si perfectionné
qu'il soit, qui, placé entre les mains d'un opérateur auquel
manque le sentiment de l'art, puisse jamais reproduire une vue,
un monument, un portrait, une œuvre d'artiste enfin?

Peut-on prétendre alors que c'est l'instrument seul qui fait
le photographe? Autant vaudrait dire que c'est le pinceau qui
fait le peintre et le ciseau le sculpteur.

Une pareille opinion n'est pas soutenable.

Ce qui fait l'artiste photographe, aussi bien que l'artiste
peintre ou musicien, c'est le sentiment, la science du beau.

Entre les mains de l'artiste, l'instrument, qu'il soit pinceau,
ciseau ou objectif, ne fait que traduire le sentiment du maître.

Nous ne saurions mieux formuler d'ailleurs notre opinion à
ce sujet qu'en reproduisant ici les judicieuses considérations
qu'inspirait à un éminent critique de la presse parisienne, la
vue des œuvres photographiques exposées au salon de 1861.

Voici ce que disait à ce propos M. Louis Figuier :

« La reproduction de la nature par l'instrument de Daguerre

n'est qu'une forme de plus mise en nos mains, un moyen nouveau dont nous pouvons disposer, un procédé, jusqu'ici sans analogue, pour traduire naturellement l'impression que fait sur nous l'aspect de la nature. Jusqu'ici l'artiste a eu à sa disposition le pinceau, le crayons, le burin, la surface lithographique; il a de plus maintenant l'objectif de la chambre obscure. L'objectif est un instrument comme le crayon et le pinceau. La photographie est un procédé comme le dessin et la gravure, et ce qui fait l'artiste c'est le sentiment et non le procédé. Tout homme heureusement doué peut donc obtenir les mêmes effets avec l'un quelconque de ces moyens de reproduction.

» Aux personnes que cette assimilation pourrait surprendre nous ferons remarquer qu'un photographe habile a toujours sa manière propre, tout aussi bien qu'un dessinateur ou un peintre, de telle sorte qu'avec un peu d'habitude, on reconnaît toujours au premier coup d'œil l'œuvre de tel ou tel opérateur, et bien plus, que le caractère propre à l'esprit artistique de chaque nation se décèle, avec une singulière et frappante évidence, dans les œuvres sorties de différents pays. Vous devinerez d'une lieue un paysage photographique dû à un artiste anglais, à sa couleur froide, guindée et monotone, à la presque identité qu'elle présente avec une gravure anglaise. Jamais un photographe français ne pourra être confondu sous ce rapport avec un de ses confrères d'outre-Manche.

» Nous ajouterons que l'individualité de chaque photographe demeure toujours reconnaissable dans son œuvre. Faites reproduire par différents opérateurs un même site naturel, demandez à différents artistes le portrait d'une même personne et aucune de ces œuvres, reproduisant pourtant un modèle identique, ne ressemblera à l'autre; dans chacune d'elles tout ce que vous reconnaîtrez, c'est la manière ou plutôt le sentiment de celui qui l'a exécutée.

» Si donc l'objectif n'est qu'un instrument de plus dont nous disposons pour traduire l'aspect de la nature, si le photographe conserve son individualité, sa manière propre, le sentiment qui le distingue et l'anime, au lieu de ne voir dans la photographie qu'un simple mécanisme à la portée du premier venu, on est bien forcé de reconnaître que la photographie fait véritablement partie du domaine des beaux-arts. »

LOUIS FIGUIER.

CHAPITRE II

DE L'ARTISTE

L'artiste qui se consacre à la photographie doit donc posséder les qualités éminentes qui composent les talents divers du peintre et du sculpteur.

Au peintre, il doit emprunter la science du coloris, qui lui permettra de voir promptement et d'une manière infaillible dans quelle lumière il lui faut placer son modèle, afin que le sujet dont il fait le portrait conserve les caractères distinctifs de sa physionomie. Il ne lui est pas permis de donner à une personne blonde l'apparence d'une personne brune. Il serait tout à fait inexcusable s'il drapait de la même façon une jeune fille et une dame âgée : comment l'éviterait-il, s'il ne savait le dessin ? Le cachemire le plus riche, comme le mantelet le plus modeste, les dentelles les plus somptueuses comme le ruban nécessaire, lui présenteront une foule de combinaisons d'arrangements in-

génieux, sans qu'il ait à s'épuiser en des recherches embarras-
santes, car sa grande habitude, son bon goût formé par l'étude
de la nature sans cesse présente, lui fourniront abondamment
mille motifs, mille détails dont il saura profiter avec une habileté
sans égale.

Formé par l'étude de la statuaire à rechercher l'harmonie
des lignes, il enveloppera et noiera dans un torrent de lumière
les plans maigres et les aspérités de la carnation ; il simplifiera
ainsi le modelé des figures. Les attitudes qu'il fera prendre seront toutes naturelles et jamais forcées. L'adolescent pourra se
camper fièrement, mais le vieillard dont les jambes fléchissent
sous le poids des années sera assis dans un moelleux fauteuil,
ainsi qu'au coin de son foyer, il charme pendant les longues
soirées d'hiver, de ses anciens récits, ses enfants attentifs.

N'hésitons donc pas à proclamer la supériorité artistique de
celui qui unit à l'expérience des manipulations chimiques l'entente des effets de lumière ; le sûr instinct de la pose et de l'al-
lure dans lesquelles un modèle se présente sous ses aspects les
plus intimes, les plus saisissants et les plus caractéristiques,
fait sortir, pour ainsi dire, de son objectif des portraits toujours
dignes de l'estime, parfois de l'admiration de tous, et revêtus
d'un cachet d'authenticité difficile à obtenir de moyens purement
plastiques.

De tels photographes sont rares, et méritent bien d'ailleurs le nom d'artistes ; aussi personne n'a jamais songé à le refuser à Pierre Petit. Tous ceux qui s'intéressent aux célébrités contemporaines conniassent les magnifiques portraits d'Alphonse Karr, de Jules Favre, d'Edmond About, de Corot, du général Changarnier, des docteurs Trousseau et Velpeau, d'Emile de Girardin, de Babinet, d'Eugène Delacroix, de Clesinger. et tant d'autres sortis des ateliers de la *Photographie des Deux Mondes.*

LIVRE II

—

CHAPITRE PREMIER

LE SOLEIL EST-IL NÉCESSAIRE?

Sur chaque chose, l'esprit humain est bourré de préjugés qui prennent d'autant plus d'autorité, qu'ils reposent sur de moindres raisons. On ne saurait imaginer le mal qu'il faut pour en déraciner un, et combien ces erreurs pernicieuses sont préjudiciables à ceux mêmes qui semblent leur payer le plus faible tribut.

Ainsi, il n'est pas d'opinion plus généralement répandue que, pour qu'un portrait photographique soit parfaitement réussi, il est nécessaire que l'on ait posé par un soleil éblouissant. Ceci est si bien enraciné dans toutes les pensées, qu'en disant le contraire, nous savons le nombre d'incrédules que nos assertions rencontreront.

Et cependant rien de plus faux. Non-seulement, le soleil n'est pas indispensable, mais un soleil trop ardent, aux rayons trop chaleureux, est préjudiciable. En effet, son action puissante, lors des beaux jours de l'été, attaque trop vigoureusement la plaque iodée. En conséquence, les traits s'inscrivent durement, les détails sont dévorés et l'opérateur n'obtient qu'une œuvre brûlée, dépourvue des nuances délicates que sait multiplier la nature, et elle ne saurait, dans aucun cas, contenter l'artiste consciencieux.

Donc le soleil n'est point nécessaire. Mais bien la LUMIÈRE. Par les temps les plus mauvais, la LUMIÈRE existe.

Une lumière douce, à l'action lente, mais sûre, mais infaillible, donne la franchise lumineuse, le relief puissant, à ces admirables portraits où toute physionomie est vivante, tout visage animé.

Pierre Petit qui, malgré toute sa popularité, est resté aristocrate dans son art, doit à la connaissance de cette vérité sa collection de chefs-d'œuvre et sa réputation. Sa terrasse est admirablement bien disposée ; l'été, on remédie aux rayons trop puissants, et l'hiver, la lumière, qu'il est inutile de tamiser, y pénètre à flots. Semblable à un architecte qui a dépensé toute sa science pour construire une salle d'Opéra dans laquelle le moindre son arrive à l'oreille du spectateur même le plus mal placé, Pierre Petit a voulu, en homme auquel la science hélio-graphique a révélé tous ses secrets, que, dans la salle où il opère lui-même, le soleil lui obéisse, non en esclave, mais en collaborateur docile et intelligent, en janvier comme en juillet.

CHAPITRE II

THÉORIE DE LA TOILETTE FÉMININE

Une des questions les plus difficiles à résoudre dans la vie est celle que l'on se pose, le jour, où décidé à se rendre chez Pierre Petit, on considère de quelle toilette on s'ornera. Hélas ! après bien des hésitations, bien des conseils, bien des avis demandés, donnés, acceptés, rejetés, il n'est pas rare que l'on ne se trompe de point en point, et que l'on ne choisisse avec le plus grand soin tout ce que l'on aurait surtout dû éviter.

C'est afin d'épargner à l'avenir cette petite calamité de l'existence à nos contemporains et surtout à nos contemporaines que nous les prions de méditer les conseils suivants. Nous leur assurons que s'ils s'y conforment, ils n'auront qu'à s'en louer,

car ils sont les résultats de mille observations recueillies chaque jour pendant de longues années.

Chacun sait que le soleil ne donne sur les épreuves photographiques que deux couleurs : le blanc et le noir. Une telle parci-
monie est très-regrettable, mais puisqu'on ne peut, ou du moins
puisqu'on n'a pu jusqu'à présent y remédier, malgré les plus
louables et les plus constants efforts, il faut en prendre son
parti, et s'efforcer de tirer le meilleur profit de cette pauvreté
plus apparente que réelle.

Le noir et le blanc se combinent de cent façons différentes,
et donnent naissance à des effets heureux qu'il ne s'agit que de
provoquer : par une disposition ingénieuse et savante dans la
pose du modèle, afin que la lumière l'éclaire convenablement,
— ceci est la science de l'artiste ; et, par une toilette habilement
choisie, aux couleurs assorties avec goût, — ceci est la science
que tout le monde doit posséder.

Est-il possible de se figurer quelque chose de plus hideux
qu'un portrait où la figure serait noire et les vêtements blancs ?
Non. Eh bien, malheureusement ce cas, quoique rare, se présente trop souvent, parce que l'on ignore qu'il faut rejeter avec
le plus grand soin :

Les robes BLANCHES — BLEUES CLAIRES — VIOLETTES —
ROSES — GRISES CLAIRES,
qui toutes sur la plaque iodée s'impriment en BLANC et ren-

dent par contraste le visage noirâtre. Alors si vous avez commis cette faute, adieu toutes les finesses des traits, toute l'expression spirituelle et gracieuse qui animent votre physionomie, madame, qui lisez ceci. Mais rejetons bien loin cette pensée, car vous êtes incapable de pareils contre-sens, et sans peine, Pierre Petit, fera un chef-d'œuvre de votre portrait, car vous serez vêtue d'une robe de laine ou de soie aux couleurs TRÈS-FONCÉES comme NOIRES — MARRONS — VERTES — BLEUES — GRISES, de velours NACARAT ou PENSÉE.

Votre mantelet uni ou garni de dentelles, votre manteau enrichi de fourrures, ou votre cachemire accompagnera dignement la toilette modeste, mais pleine d'élégance, dont vous vous serez parée.

Ne craignez pas le col blanc uni, ou de dentelles, ou de guipures. Mais comme manches préférez la mousseline et la batiste fine ; les dentelles généralement deviennent dures, et vos mains délicates et aristocratiques y perdraient en finesse et en modelé.

Une dame âgée, d'une constitution florissante, adoptera un costume ample, aux plis abondants et nombreux : au contraire, une jeune femme d'une nature poétiquement frêle évitera de se draper dans des vêtements dont la pesanteur écraserait ses proportions élancées et sveltes.

Sans ce dernier avis, qui les concerne particulièrement, ce qui précède ne regarde point les jeunes filles. Toute nuance leur sied admirablement et le soleil, si cruel pour l'âge adulte et la vieillesse, respecte, en se faisant le galant complice de la nature, la fraîcheur inaltérable dont elle se plaît à doter la jeunesse.

CHAPITRE III.

THÉORIE DE LA TOILETTE MASCULINE

Il est rare qu'un homme s'affuble de vêtements aux couleurs insensées; aussi nos avis en ce qui les concerne se résumeront-ils en ceci :

Des vêtements foncés.

Pas de gilets blancs.

Un costume jeune pour les jeunes gens.

Un costume ample pour les hommes âgés.

Les uniformes de l'armée, des écoles, sont généralement parfaitement composés et donnent les meilleurs résultats : ils sont photogéniques. L'habit noir seul mérite une mention spéciale. Il est convenu que ce vêtement, français par excellence, habille mieux que tout autre, et qu'il est le prototype de l'élégance moderne. Cela peut être vrai dans toutes circonstances, excepté lorsqu'il s'agit de se faire peindre ou photographier. Alors l'habit noir est abominable, il vous rend d'une maigreur extrêmement désagréable, ou dessine en les exagérant les contours de l'embonpo:nt. Rien ne peut remédier à son effet fâcheux ; il faut le considérer comme un ennemi et s'en débarrasser avec le plus grand soin.

CHAPITRE IV

COMME IL CONVIENT DE POSER

Dans les deux chapitres précédents nous avons signalé un écueil terrible ; nous n'avons plus à le redouter.

Désormais toutes les qualités possibles sont réunies pour que l'on obtienne, dans l'épreuve photographique, la franchise de l'effet, la netteté, la vigueur de l'harmonie, choses seules essentielles s'il ne nous restait à assurer :

La vérité et le naturel de la pose.

Il est certain que Pierre Petit ne vous laissera jamais prendre, faisiez-le vous à votre insu, une pose trop négligée, ou guindée, ou même de mauvais ton. Le maître photographe a l'œil trop exercé, l'instinct inné de l'élégance trop développé pour le permettre jamais.

Ces défauts ne sont pas au surplus à craindre.

Mais éloignez pendant les dix secondes de pose que vous avez à subir, l'idée que vous posez. Si vous vous asseyez, que ce soit avec autant de naturel que si dans votre salon vous écoutiez une personne amie. Les muscles de votre visage contractés par une pensée agréable donneront à votre image cette impression heureuse qui la rapprochera de la réalité même.

Si vous restez debout, placez-vous sans raideur. Sans nul doute vous vous êtes souvent arrêté des heures entières plongé dans l'admiration devant une œuvre de Raphaël, de Rubens, de Véronèse, de Metzu, et certes votre corps bien appuyé en cet instant n'avait alors aucune raideur, vos jambes habilement et naturellement placées ne ressemblaient en rien à ces piliers qui font l'orgueil d'un soldat prussien au port d'armes. Rappelez-vous le premier mouvement et évitez avec soin de rivaliser avec les allures d'un homme très-fort sur l'exercice en douze temps.

Les bras et les mains sont des membres très-difficiles à utiliser et assez fréquemment on ne sait qu'en faire. Le mouvement habituel est toujours le meilleur; mais là-dessus, rassurez-vous, le corps bien placé, les bras et les mains seront facilement employés et Pierre Petit vous débarrassera sans effort de toute préoccupation.

En un mot, soyez naturel, et rejetez toutes idées préconçues. Écoutez docilement un avis : vous vouliez être debout, asseyez-vous si on vous le conseille ; vous désiriez être de face, laissez-vous mettre de profil, sûr que vous pouvez être de l'expérience et de l'art qui présideront à l'avis qu'on vous donnera.

LIVRE III

—

CHAPITRE PREMIER

LA PHOTOGRAPHIE MATRIMONIALE

Il y a souvent des espèces d'émeutes sur la place Cadet, à la porte de Pierre Petit, l'habile photographe. Plusieurs voitures de luxe stationnent devant cette porte, vides de ceux qui les occupent. Autour d'elles se forment des groupes comme on en voit sur tous les points où il se passe quelque chose d'inattendu. Et quelle est la cause de tant d'émoi ?

L'heureuse fantaisie de deux époux qui veulent garder un souvenir durable du plus beau jour de leur vie. Après avoir reçu la bénédiction nuptiale, ils viennent chez Pierre Petit avec leurs parents, leurs témoins, leurs amis, et c'est leur apparition que commentent les passants attroupés.

Les noces sont nombreuses. Sans s'effrayer du nombre, avec cette aisance et cette célérité qu'on lui connaît, Pierre Petit les réunit dans une gracieuse composition : au centre la mariée drapée dans son voile blanc; derrière son fauteuil, l'époux souriant et fier, les parents entourant le groupe principal; sur le premier plan, des enfants jouant auprès d'une aïeule vénérable ; au fond le reste du cortége. Quelques secondes suffisent pour réaliser ce tableau de famille d'un genre jusqu'alors inconnu.

Qui l'aurait cru possible avant cette merveilleuse invention ? Une jeune fille porte pour la première et la dernière fois la couronne de fleurs d'oranger, elle est environnée de ceux qu'elle aime le mieux, assemblés pour une solennité de laquelle dépend son existence. Sur toutes les physionomies se peignent des émotions qui ne se renouvelleront plus, les toilettes ont un caractère tout spécial, c'est un jour unique qui n'a pas eu de précédent et qui n'aura point d'analogue. Eh bien ! la scène qu'il offre et qui va passer si vite est reproduite INSTANTANÉMENT ! Non-seulement les époux en conservent l'image comme une précieuse relique, mais encore ils la donnent à leurs parents, à leurs amis, et s'il en est d'absens, au lieu d'un récit toujours incomple, ils leur envoient toute la noce sur une carte de visite.

C'est ainsi que les jeunes époux dont nous parlons, grâce à l'activité et aux soins empressés de Pierre Petit, peuvent dès le lendemain mettre à la poste plusieurs épreuves du tableau pour lequel ils ont posé. Il y en a même qui sont en route pour les Antilles. Quelles doivent être la joie et la surprise d'un frère, d'un ami, lorsque la cérémonie à laquelle il ne leur a pas été permis d'assister, vient, pour ainsi dire, les trouver à trois mille lieues de distance !

Nous ne sommes pas étonnés que la photographie du jour des noces soit entrée dans les habitudes parisiennes.

Nous voyons la photographie matrimoniale appelée à un succès des plus populaires et des plus réels. Ne s'adresse-t-elle pas aux meilleurs sentiments du cœur humain ?

EMILE DE LA BÉDOLLIÈRE.

CHAPITRE II

LES NOUVELLES ARCHIVES DE L'HISTOIRE

I

Le poëte a dit :

L'homme, fantôme errant, passe, sans laisser même
Son ombre sur le mur.

Il faut rayer ces deux vers. Grâce à la photographie, l'homme, sur son passage, imprime son ombre. Ah ! pourquoi n'a-t-il pas été créé quelques années plus tôt, cet art charmant ? Nous n'aurions perdu ni les plantes et les animaux de Diodore, ni les machines d'Archimède et de Hiéron, ni les instruments et les appareils décrits par Vitruve. Ces vieux monuments de la Grèce dont parle Pausanias, ces merveilleux édifices d'Athènes, de

Corinthe, de Rome ancienne, nous les contemplerions dans leur intégrité. Ils seraient debout, tous ces palais étincelants de Babylone, de Memphis, de Ninive, d'Ecbatane, de Thèbes aux cent portes, de toutes ces ruches bourdonnantes des nations. Ce temple, merveille de l'art, que, dans sa magnificence, Salomon avait construit, nous serait restitué. Les constructions cyclopéennes de Chéops, de Chéphrem, de tous les noirs dominateurs des pyramides et de sphynx nous apparaîtraient sans voiles. Nous aurions l'image de ces incommensurables murailles qu'élevèrent les rois Chronos et Xixonthros, contemporains du déluge et Tubal-Caïn qui le précéda. Que de révélations ne nous feraient pas les vénérables figures de ces ancêtres du genre humain, si elles étaient reproduites avec l'étonnante vérité des portraits de Pierre Petit !

II

S'il faut se résigner à la perte de tous ces documents, que le temps n'a pas respectés, du moins il faut s'efforcer de garder à l'avenir les traits des hommes illustres qui font l'honneur de notre temps, et épargner aux générations futures les regrets stériles que nous venons d'exprimer sur l'antiquité.

Pierre Petit s'est inspiré de cette idée féconde, et il a consacré la plus grande et la meilleure partie de ses forces et de son expérience à une œuvre considérable dans son but, celui de reproduire par la photographie les portraits des célébrités contemporaines. Les sympathies et les encouragements des gens de lettres, des savants, des artistes, de tous ceux en un mot dont le nom éveille l'admiration, l'ont dignement récompensé de ses efforts. Une pareille entreprise, conduite avec la conscience que Pierre Petit applique dans ses travaux, rend à l'histoire et à l'art des services incontestables; c'est un monument que la postérité ne saurait manquer de consulter avec intérêt, souvent avec une vive émotion.

CHAPITRE III

LA GALERIE DES HOMMES DU JOUR

C'est donc à la louable ambition d'un artiste désintéressé que nous devons la publication de la *Galerie des hommes du jour*, ce recueil unique, si universellement et si justement accueilli par le succès.

Il est vrai de dire qu'aucun effort n'a été négligé pour rendre cette entreprise, sans précédent en librairie, digne de tous les éloges.

Les portraits sortent exclusivement des ateliers de Pierre Petit. On ne peut en faire un éloge plus grand.

Quant aux biographies, un mot suffira pour indiquer quel esprit littéraire et honnête les conçoit.

Elles sont le plus souvent sobres d'appréciations, mais elles contiennent toujours un résumé scrupuleusement exact des œuvres et des actes publics du personnage dont elles accompagnent le portrait. On a évité avec un grand soin de discuter ses opinions politiques, sans s'interdire le droit de constater comment les divers partis ont accueilli ses doctrines ou les principaux faits de son histoire. C'était là une tâche délicate ; on l'a cependant sûrement remplie avec impartialité, convaincus qu'il suffit, en pareil cas, de respecter la vérité. Ces biographies se gardent avant tout de chercher le scandale, parce que c'est une entreprise malhonnête, et qu'on se trompe en croyant le scandale intéressant pour tout le monde et indispensable pour faire comprendre la vie des hommes célèbres. Le plus souvent, il n'apprend rien à personne, et il n'intéresse que les esprits tout à fait subalternes et envieux. Il répugne aux gens de cœur, aux esprits intelligents et aux consciences droites. On n'a tenu qu'à satisfaire ces derniers, il aurait été pénible d'obtenir l'approbation des autres. D'ailleurs, le portrait d'un homme et le récit de ses œuvres et de ses actes publics le font suffisamment connaître et apprécier.

Réduites aux proportions que nous venons d'indiquer, ces biographies n'affichent pas la prétention d'être considérées comme des études. Elles ne sont peut-être point faites pour tenter la plume d'un écrivain avide de bruit ; pourtant elles présentent, à côté d'un but honorable à atteindre, des difficultés de plus d'un genre, fort appréciables pour des esprits critiques et éclairés. Telle est du moins l'opinion des écrivains éminents dont Pierre Petit s'est assuré le concours, et qui déjà ont fait paraître les biographies d'ALPHONSE KARR — DE RICHARD WAGNER — DE JULES SIMON — DE PAULINE VIARDOT — DU DOCTEUR TROUSSEAU — D'ÉMILE DE GIRARDIN — DU DOC-TEUR VELPEAU — DU VICOMTE DE LA GUÉRONNIÈRE — DE BABINET — D'EUGÈNE DELACROIX — DU MINISTRE DELAN-GLE — DE JULES FAVRE, etc., etc.

La GALERIE DES HOMMES DU JOUR publie tous les quinze jours une livraison contenant un magnifique portrait tiré sur papier de Chine, collé sur carton de Bristol, et une biographie imprimée par Ch. Lahure, sur papier des Vosges, format *in-quarto*, avec couverture.

Prix de la livraison : 5 francs.

Prix du 1er volume, contenant 12 livraisons : 50 francs.

CHAPITRE IV

ALBUM DE L'ÉPISCOPAT FRANÇAIS
ET DU CLERGÉ DE PARIS

Parallèlement à sa *Galerie des hommes du jour*, Pierre Petit mène une œuvre qui la surpasse encore par son mérite intrinsèque.

La photographie est certainement une des plus belles inspirations dont la Providence ait enrichi le génie de l'homme.

Mais, comme beaucoup d'autres inventions, la photographie s'est détournée de sa véritable voie. Appelée à perpétuer les précieux souvenirs de la famille, à rendre populaires les œuvres inspirées par le sentiment chrétien, à fournir à la piété de tous une image fidèle des hommes dont les vertus solides sont pour nous le meilleur guide dans la vie, elle a mis tout cela de côté pour illustrer parfois des célébrités immorales, des vertus bien plus connues de la surveillance administrative que de la société des honnêtes gens.

Pourquoi laisserait-on cette magnifique création s'égarer et s'épuiser dans des entreprises aussi funestes pour les sociétés qu'humiliantes pour ceux qui les favorisent ? Pourquoi ne la rappellerait-on pas à sa véritable destination ?

A côté de la partie artistique qui se rattache à la photographie, il y a une question industrielle qui entre pour une large part dans la direction à donner à l'exploitation ; et, généralement en industrie, les entreprises les plus honnêtes ne sont pas celles qui conduisent le plus sûrement à la fortune. Mais qu'importe au véritable artiste la réalisation de bénéfices exagérés et non avouables, s'il peut laisser après lui une œuvre utile et méritoire ?

Telle a été la pensée de Pierre Petit lorsqu'il a entrepris son *Album de l'Episcopat français*.

Il ne s'est pas arrêté dans cette voie, il aurait cru manquer à son devoir; il a joint à sa Galerie de l'Episcopat celle du Clergé français, et spécialement celle du Clergé de Paris.

C'était une entreprise difficile et délicate, car parmi ces vénérables prêtres, beaucoup, habitués à vivre dans l'isolement, craignaient le bruit de la publicité. Tous redoutaient de s'offrir en quelque sorte en spectacle au gens du monde.

Mais Pierre Petit a su dissiper leurs scrupules, car il a compris mieux que personne le respect et l'honneur dont doit être environné le ministère sacré du prêtre, et il désire seulement que leur image devienne un souvenir de famille et soit entourée de tout le respect dont on use envers ceux qu'on vénère.

La droiture de ses intentions a été récompensée, et il a été déjà honoré et encouragé dans ses efforts par la visite de NN. SS. :

Le cardinal BILLIET, archevêque de Chambéry — le cardinal DONNET, archevêque de Bordeaux — le cardinal GOUSSET, archevêque de Reims — Mgr SACCONI, nonce apostolique — les ARCHEVÊQUES de Rouen — d'Aix — d'Auch — de Toulouse — de Bourges ;

Des ÉVÊQUES de Carcassonne — de Troyes — de Saint-Claude — de Limoges — de la Rochelle — d'Autun — de Marseille — de Blois — de Seez — de Quimper — de Nice — de Tarentaise — de Saint-Jean-de-Maurienne — d'Angoulême — de Montauban — de Valence — d'Adras, — d'Ajaccio.

CHAPITRE V

LA COLLECTION PIERRE PETIT

De tels travaux, en dehors des occupations journalières, sembleraient suffisants pour l'activité humaine ; ils n'ont pu cependant contenter Pierre Petit. Il s'est adressé aux médecins, au barreau, à l'armée, aux peintres, aux sculpteurs, aux compositeurs, aux instrumentistes, poëtes, romanciers, auteurs dramatiques, aux artistes de l'orchestre de l'Opéra, aux artistes dramatiques de l'Académie impériale de musique — de la Comédie-Française — du théâtre impérial Italien — de l'Opéra-Comique — de l'Odéon — du théâtre Lyrique — du Gymnase — du Vaudeville — des Variétés — du Palais-Royal — de la Porte-Saint-Martin, etc., etc., et il réunit dans un immense panthéon sans cesse grandissant, toutes les gloires de la France.

LIVRE IV

—

CHAPITRE PREMIER

LE SOPHISME

Si la photographie sait enfanter des œuvres utiles, souvent l'amour effréné du lucre la fait servir à abuser indignement le public.

Plusieurs photographes ont annoncé à grands renforts de réclames qu'ils faisaient construire, à une lieue au moins du centre de Paris, un établissement décoré de noms plus ou moins pompeux et destiné, selon eux, à la reproduction photographique des cavaliers, des chevaux et des équipages. Rien n'est plus faisable assurément. Toute la question est de savoir si le résultat qu'ils peuvent obtenir est digne de l'attention des gens de goût, et proportionné au prix singulièrement élevé qu'ils en demandent.

Nous n'hésitons pas à répondre qu'ils se trompent.

Les photographes dont nous parlons, comme tous ceux qui se servent, avec plus ou moins de discernement, d'expérience et de goût, de l'admirable découverte de Niepce et de Daguerre, opèrent à l'aide du soleil ; mais personne d'entre eux n'a encore songé à affirmer, malgré tout ce qu'ils affirment, qu'il possédait le secret de Josué et qu'il pouvait arrêter la marche du soleil ou seulement la régler.

D'où il suit que, les opérations qu'ils se proposent d'exécuter dans leurs établissements ayant lieu en plein air, et les clients, nous allions dire les patients, ne devant poser qu'à tour de rôle, ces opérations produiront des clichés très-souvent exécutés dans les conditions les plus défavorables d'effet et de lumière.

Voilà déjà un triste résultat, non-seulement probable, mais certain, dans un grand nombre de circonstances.

Ce n'est pas tout.

Sur quel fond, car il faut un fond à tous ces tableaux, et une bonne photographie doit surtout rester dans les conditions d'un tableau, sur quel fond viendront se dessiner les objets à reproduire ? Sur un fond de toile grise ? Mais ce fond, excellent pour les portraits faits dans l'atelier, produit un effet à la fois grotesque et absurde quand il s'agit d'une vue en plein air. Sur une toile peinte comme un décor de théâtre ? Cette fois, le résultat est encore plus burlesque et d'un goût détestable. Reste le *fond-nature*, composé d'un jardin de quelques mètres carrés, planté d'arbustes pleins d'avenir, avec une façade architecturale, la même bien entendu pour toutes les compositions, et qui a toutes imprimera un caractère industriel et commercial d'une banalité incontestable.

Des compositions photographiques traitées dans les conditions que nous venons d'indiquer, et nous défions qu'on ose affirmer que ces conditions seront autres, pourront donc, tout au plus, flatter la vanité d'un marchand de chevaux ou d'un loueur de voitures de second ordre, mais il nous semble impossible qu'elles puissent séduire un homme de goût ou de quelque distinction. Nous doutons que celui-ci se montre satisfait de voir ses che-chevaux de race, sa voiture la plus élégante, se détachant en silhouette noire, lourde et dure, sur un fond gris ou sur une perspective décorée d'un jet d'eau s'élançant d'une cuvette, ou encore d'une cascade roulant sur un rocher, bâti de trois pierres meulières décorées de mousses et de coquillages.

. Restent les agréments dont sont menacés, avant, pendant ou après la pose, les clients qui voudraient croire aux annonces publiées depuis déjà plusieurs mois, et qui se réimpriment chaque jour.

Ces annonces nous promettent, en effet, que les établissements dont elles font l'éloge, situés à quelques pas des promenades favorites du monde élégant, lui offriront des occasions de distraction et même de plaisir. *Chacun prend son plaisir où il le trouve*, dit le plus sensé des proverbes, mais nous éprouvons quelque difficulté à croire que beaucoup de gens aillent le chercher là.

Nous estimons, par exemple, que, pour tous ceux qui désirent une photographie, c'est un médiocre plaisir d'attendre l'heure de la pose, même dans un salon. Dans les établissements en plein air dont il s'agit, cette sorte de plaisir ou d'agrément nous semble devoir perdre encore de son charme et de sa vivacité.

De deux choses l'une : ou les clients attendront leur tour de pose en face les uns des autres, dans l'enceinte même où se feront les opérations, ce qui devra leur paraître gênant, et en beaucoup de cas, désagréable; ou ils devront stationner dans un lieu disposé à cet effet. Nous cherchons vainement quelles seront, dans l'un ou l'autre cas, les distractions qui leur sont promises, même en supposant que l'imagination des propriétaires de ces lieux de plaisir leur ait préparé des moyens ingénieux de tuer le temps, par exemple des cartons de *loto*, des tables de *jeu de dames*, ou de *jeu de l'oie*, si fort en vogue dans la meilleure compagnie.

CHAPITRE II

LA VÉRITÉ

En ceci, il y a cependant une idée féconde.

Les photographes dont nous parlons répondent à un désir souvent exprimé par les clients de Pierre Petit, mais ils y répondent mal. Ils ne font qu'exécuter, dans des conditions détestables, une idée qui lui est venue, il y a déjà plusieurs années. On comprend sans peine, en effet, l'intérêt qu'offre à un homme du monde, une composition photographique représentant un site aimé dans une propriété patrimoniale, un équipage favori ou de grand goût, une voiture élégante, une meute prise tout entière ou seulement l'élite de ses chiens, des chevaux avec ou sans leurs cavaliers, un villa, un château, un cottage, une ferme, un groupe de plantes rares, l'intérieur d'une serre, l'aspect d'une basse-cour et de ses habitants les plus curieux, en un mot les principales figures et les épisodes les plus pittoresques ou les plus intimes du sport et de la vie des champs. Pour peu qu'on nous ait lu avec quelque attention, on reconnaîtra sans peine que de telles compositions seront inexécutables dans l'enceinte de Paris ou ne donneront qu'un résultat fort laid, fort trivial et presque toujours grotesque.

Aussi Pierre Petit va-t-il prendre la vie de campagne là seulement où elle est, c'est-à-dire à la campagne même.

En d'autres termes, il exécute sur place toutes les compositions photographiques qu'on peut souhaiter, c'est-à-dire prendre la nature sur le fait, ce qui est le vrai but de la photographie, ce qui seul le fait rentrer dans les conditions de l'art véritable, dont s'éloignent toujours grossièrement les industriels les plus empressés à se décorer du nom d'artiste.

Nous n'arrêterons pas longtemps nos lecteurs sur les différences qui séparent ce programme de ceux que nous avons signalés. Dans sa simplicité, il offre des difficultés d'exécution, mais Pierre Petit essaye volontiers ce qui est difficile, et il lui est permis peut-être de dire que, grâce à des efforts persévérants et aujourd'hui bien constatés, les difficultés ne l'effrayent pas. Elles le tentent plutôt.

A peine insisterons-nous sur les commodités que ce programme présente à ses clients, et presque sur l'attrait qu'il leur
offre, à côté de l'ennui et du dérangement que ne sauraient leur
déguiser les annonces les plus pompeuses.

Voir à la page 62.

LIVRE V

CHAPITRE PREMIER

LA PRESSE

Il est naturel que les écrivains distingués dont le devoir est de signaler les hommes et les faits remarquables qui attirent sur Paris l'attention du monde civilisé, entretiennent le public de Pierre Petit. Ils ont prodigué leurs éloges mérités à cet infatigable artiste, et nous croyons, en citant quelques-unes de eurs lignes éloquentes, accomplir une œuvre juste. Elles pourront fortifier le courage de tous ceux qui travaillent en leur montrant comment le talent est toujours encouragé par les vrais juges du goût.

Pierre Petit a à remercier plus que personne l'élite de la

presse, MM. H. Lucas, A., Karr, Napoléon Naquet, A. Scholl,
Jean Rousseau, L. Jourdan, J. Mahias, Larrieu, C. Monselet,
J. Noriac, E. About, etc., etc.

I

LA VIGIE DE DIEPPE.

.... Il est d'admirables photographies qui ont fait dire à des
peintres et à des critiques que si Van Dyck ou Léonard de
Vinci revenaient au monde, ils voudraient faire aussi de la photographie.

Certains portraits héliographiques relèvent de l'art comme de
la science. On y voit de la mélodie autant que de l'harmonie.
On s'avoue enfin que la photographie peut mettre, à certaines
heures, l'esprit sous la lettre. — Il faut seulement l'opération
de certains praticiens. — La photographie n'est véritablement
représentée à Paris que par quelques maîtres.

Permettez-moi de brûler cet encens sur la tête de Pierre
Petit.

. . . .

. . . .

CH COLIGNY.

II

LE PAYS.

M. Pierre Petit est le premier, sans contredit, des portrai-
tistes qui ont exposé cette année (1861). Esprit vif, coup d'œil
rapide et sûr, M. Petit est le plus prestigieux des opérateurs :
aucun ne sait mieux discerner le caractère d'une tête et la camper devant l'objectif en dégageant toute l'énergie, toute la grandeur qu'elle peut offrir sans le concours de l'art. Nul ne prévoit
avec plus de pénétration comment l'instrument produira les effets
de la nature. Il procède vite, jamais il ne retouche et il recom-
mence rarement. La franchise lumineuse de ses épreuves, leur
relief puissant, ne laissent aucune physionomie confuse, aucun
visage sans animation. Pour ce qui est de la partie matérielle de
son art, il la possède à un degré prodigieux. Sa galerie d'illustra-
tions contemporaines restera comme un monument.

Rien ne dépasse la franche énergie de Pierre Petit ; ses portraits de femme sont ajustés et composés avec une rare distinction. En résumé, il parvient avec un succès trop fréquent pour
être fortuit à communiquer à ses productions une apparence
de sentiment et de style supérieurs à la brutale réalité. Ces qua-

lités, qui procèdent du goût, de l'intelligence, de l'étude et de l'observation, le placent à mes yeux à l'abri de toute rivalité.

. . . .

FRANCIS WEY.

III

LE MONDE ILLUSTRÉ.

. . . .

M. Pierre Petit a une nombreuse et importante exposition qui attire la foule et qui la retient, autant par la qualité des portraits que par celle des personnages qu'ils représentent. On sait que M. Petit s'est fait le portraitiste des célébrités contemporaines, et qu'il s'est courageusement lancé dans une très-grande entreprise, la *Galerie des hommes du jour*, une entreprise assurément honorable, mais pleine de difficultés, celle de reproduire par la photographie les traits des grands écrivains, des grands artistes, des hommes d'État de notre époque, avec texte biographique. On me permettra de ne rien dire des biographies, sinon pour remercier cordialement mes confrères de la presse de l'accueil si loyal et si sympathique qu'ils ont bien voulu leur faire, mais on me permettra aussi de louer comme ils doivent l'être les portraits d'A. Karr, de J. Favre, du docteur Trousseau, de J. Simon, de R. Wagner, qui ont déjà paru dans cette publication. La plupart de ces portraits font d'ailleurs partie de l'exposition de Pierre Petit, et peuvent passer pour les meilleurs. Ils se recommandent par toutes les qualités possibles d'une bonne photographie, la franchise de l'effet, la netteté de l'épreuve, la vigueur de l'harmonie, la vérité et le naturel de la pose.

THÉODORE PELLOQUET.

IV

MESSAGER DES THÉATRES.

—

VICTOR HUGO, par PIERRE PETIT.

C'est Dante exilé qui nous est rendu. Le poète demande aux champs du Belgium un écho pour ses épopées ; une mer, un détroit ne le séparent plus de nous ; que faut-il espérer ?

4

Victor Hugo est un grand, un admirable poëte ; nul ne sou-leva plus d'admirations ; aucun n'a laissé plus d'amis. Ses chants nous le rappelaient chaque jour ; mais on demandait son image. Un artiste — nul a-t-il mieux mérité ce nom ? — Pierre Petit a entendu ce vœu, et nous avons Victor Hugo tout en-tier. Depuis dix ans, bien peu l'avaient revu. C'est là son front, ce front plein de pensées, ce regard lumineux qui épèle l'avenir, et qui lit en son sein. Les cheveux du poëte ont blanchi au souffle du vent de l'exil, mais on sent que le foyer est toujours plus ardent.

L'artiste à qui l'on doit cette œuvre d'art, ce chef-d'œuvre, a mérité dès longtemps le suffrage de tous. Ce qu'il a mérité par-dessus tout aujourd'hui, ce sont des remercîments.

PAUL FERRY.

V

GAZETTE DE FRANCE.

. . . .

En photographie, la pierre de touche qui fait reconnaître le maître, c'est le portrait. — Bagatelle? disent les ignorants ; il ne s'agit que de faire poser le modèle devant l'objectif et d'elle-même l'image vient se fixer sur le collodion. C'est une grosse erreur. La lumière dessine, peint : elle ne pense pas. Suppléez à l'intelligence qui lui manque, ou elle vous fera de triste besogne.

En réalité, le portrait photographique exige dans l'artiste des connaissances multiples, des qualités peu communes. Sous une exécution facile, relever en saillie le caractère et l'expression, donner de prime-saut au modèle une pose pleine de naturel et d'aisance ; accentuer chaque trait ; assigner à chaque muscle sa tension ; prêter au visage la lueur, la palpitation de la vie, telle est sa tache. La pensée du moment, la fugitive trépidation de l'épiderme, la confidence intime de la sensation passagère, tout cela doit être saisi au vol.

Parmi les artistes de l'Exposition, à qui sont familiers ces difficiles secrets, nul ne pourrait rivaliser avec Pierre Petit. Rien n'est comparable à la sûreté de son coup d'œil, à cette facilité d'évocation avec laquelle il appelle l'âme sur le visage ; son exécution est miraculeuse. Qui mieux que lui saurait éclairer son modèle? Avec lui aucun visage n'est muet. Voilà le portrait véritable, celui qui, outre la ressemblance matérielle, reproduit la ressemblance morale. La réunion de toutes ces qualités est rare, et nous croyons que M. Pierre Petit marchera longtemps sans y rencontrer de rivaux, dans le sillon qu'il s'est creusé.

JANICOT.

VI

LE CONSTITUTIONNEL.

. . . .
George Sand a publié *Valvèdre*, roman animé d'une philoso-
phie supérieure. On achètera beaucoup son portrait dans la
collection de Pierre Petit, cette collection si remarquable et si
choisie. Pierre Petit est assurément un des meilleurs photographes que nous ayons, un des plus soigneux ; jamais une
épreuve ne sort de chez lui qu'elle ne soit parfaite. Il nous
est arrivé d'entendre l'autre jour une comtesse russe dire, en
parlant de lui à une de ses amies : Ce Pierre Petit est décidé-
ment le Pierre-le-Grand de la photographie.

HENRI DESROCHES.

CHAPITRE II

LA PHOTOGRAPHIE INALTÉRABLE
AU CARBONE

Pour quiconque veut s'arrêter un instant et embrasser d'un coup d'œil la somme des progrès accomplis par l'esprit humain dans les sciences et dans les arts, la surprise et l'admiration sont immenses. En effet, telle branche de l'industrie humaine dont on pouvait, il y a dix ans, mesurer sur la grande route du passé les pas méthodiquement mesurés, procède aujourd'hui à la façon des géants, et d'un coup atteint le but. Telle invention qui à ses débuts ne paraît être qu'un jeu d'enfant, se transforme aussitôt en un des plus admirables et des plus puissants moyens que le génie de l'homme puisse mettre en œuvre pour attester l'immensité de ses efforts. Rien aujourd'hui n'a le droit de rester inutile ; la moindre fantaisie, née d'un caprice de la mode, est aussitôt étudiée, observée, travaillée, et avant la fin du jour soyez certain qu'un savant aura trouvé le germe qui d'une babiole créera bientôt un instrument indispensable. Nous citons, comme preuve, un article inséré dans les *Annales de Chimie et de Physique*, 3ᵉ série, t. LXII. L'invention qui s'y trouve décrite est une des plus extraordinaires, et l'imagination demeure confondue en voyant réalisée une utopie longtemps considérée comme digne du plus fantastique pays des rêves.

Certes, celui qui, il y a un demi-siècle, eût osé avancer qu'il pouvait fixer sur un corps quelconque une image que le soleil aurait tracée, eût été traité de pauvre Josué visionnaire, et bienheureux s'il eût évité, après la raillerie, quelques mois de séjour dans un cabanon de Bicêtre. La bonne compagnie ne lui eût pas manqué, et son nom n'eût pas juré sur la liste des pensionnaires incompris du fatal établissement.

Niepce de Saint-Victor et Daguèrre peuvent se féliciter de n'avoir point eu à subir ce rude noviciat qui semble être le lot naturel des inventeurs. Aux premiers mots de leur découverte la foule se passionna, et les temps ne sont pas si éloignés qu'on ne puisse se remémorer l'affluence prodigieuse qu'attirait dans le passage des Panorama, le premier cliché de daguerréotype. Mais en rappelant ce succès sans précédent, il est juste d'avouer que chacun en tournant les talons critiquait et demandait quelque chose de plus satisfaisant. Le public, cet enfant gâté, est ainsi fait que rien ne peut le contenter, s'il lui est permis de formuler la moindre objection à peu près raisonnable. Il ne faut point s'en plaindre. S'il ne sait lui-même perfectionner, des dénigrements injustes servent toujours à indiquer une voie à suivre. En ce cas particulièrement, son caprice fut religieusement écouté et bien vite exaucé. La photographie, rejetant dans les ténèbres le daguerréotype, vint au monde quelques instants, pour ainsi dire, après que le maître souverain avait prononcé son arrêt.

On aurait pu croire que, ce pas décisif accompli, les exigences les plus rebelles auraient été réduites au silence; mais ce serait étrangement s'abuser que d'oser jamais espérer rien de semblable. La photographie s'épuisait en efforts dignes d'éloges à bien mériter de tous, elle s'éprenait d'amour pour toutes les œuvres éternellement belles de toutes les écoles, se montrait pleine de respect pour tous les maîtres de la peinture, de la sculpture, et s'appliquait par-dessus tout à répandre dans les masses les plus beaux morceaux de l'architecture. Les voyage ne lui coûtaient pas, elle rendait tributaires le Nord et le Midi, l'antiquité et le monde moderne, la Grèce, l'Italie, la France, l'Allemagne, l'Egypte, la Syrie, l'Inde; en un mot rien ne pouvait lui échapper, elle ne négligeait rien qui pût être utile.

Toutes ces qualités ne purent cependant lui faire trouver

grâce, et les récriminations la poursuivirent. A quoi bon toutes ces qualités rares, lui criait-on, puisque vous ne savez durer que l'espace de quelques années ?

Peu nous importe l'immensité de vos entreprises, si, au bout du compte, il ne doit nous rester entre les mains que des lignes mal tracées, sur du papier passé.

Le reproche était grave et devait donner à réfléchir, parce qu'il était justement adressé. Personne n'ignore que, sorties trop souvent de mains inhabiles, les épreuves photographiques, si sensibles aux influences diverses de l'atmosphère, se dégradent, changent de couleur, perdent une à une les qualités qui font tout leur prix. D'autre part, exécutés avec soin, des portraits photographiques se conservent admirablement. Nous nous souvenons avoir vu à l'exposition de cette année, au palais de l'industrie, des épreuves signées Pierre Petit et datées d'une dizaine d'années. Elles étaient d'une conservation étonnante, et le monde savant s'arrêtait avec des yeux étonnés devant ces résultats. Il n'en est pas moins vrai qu'il restait à remédier au fléau qui s'acharne sans relâche sur les œuvres innombrables dues à l'ignorance, à la maladresse, et qui pis est, à la spéculation effrontée. L'exemple d'un artiste consciencieux ne prouvait que sa supériorité et ne remédiait pas aux faits déplorables constatés ailleurs. Les problèmes ne s'en présentaient que plus impérieux.

Des recherches opiniâtres ont enfin résolu le redoutable problème, grâce aux efforts, aux recherches laborieuses de Pierre Petit, qui s'est rendu le premier acquéreur du procédé A. Poitevin si remarqué à la dernière exposition. Voici en quelques mots, en quoi consistent ces préparations nouvelles.

On fait séparément deux dissolutions, l'une de 22 grammes de perchlorure de fer dans 100 grammes d'eau, l'autre de 10 grammes d'acide tartrique, également dans 100 grammes d'eau ; on mélange ces liquides à volumes égaux au fur et à musure de l'emploi. Sur une surface de verre dépoli, adoucie et parfaitement nettoyée, ou bien sur glace ordinaire, mais préalablement recouverte de collodion en couche mince, ou de gélatine, d'albumine, ou de résine ; on verse le mélange précipité ; après avoir étendu et fait égoutter l'excès du liquide, on laisse sécher dans l'obscurité en posant la plaque sur champ ou horizontalement, ou bien encore en l'exposant à un feu doux ; on emploie l'un ou l'autre de ces modes de dessiccation, selon l'épaisseur de la préparation qui doit recouvrir le verre et le genre de préparation que l'on veut faire. La plaque, ainsi préparée, peu être conservée très-longtemps avant d'être employée · lorsque la couche est parfaitement sèche, on l'impressionne à travers un cliché négatif du dessin à reproduire. Au sortir de la presse, le dessin est à peine visible sur la plaque de verre, mais il le devient bientôt par la buée d'humidité qui se produit seulement sur les parties impressionnées. Cette couche humide permet de faire adhérer des poudres quelconques partout où elle existe, et le dessin apparaît graduellement sous un pinceau chargé de couleurs sèches : lorsqu'on le juge assez intense, on arrête cette opération.

Lorsqu'il s'agit d'obtenir une épreuve photographique sur papier, on développe le dessin au moyen de poudres, charbon, ou d'autres couleurs insolubles dans l'eau : on verse, sur la surface de verre portant l'image, une couche de collodion normal, on lave à l'eau acidulée avec de l'alcool pour enlever l'excès de préparation et détruire l'adhérence du collodion à la plaque, et on enlève cette couche au moyen d'un papier gélatiné ; il ne reste ensuite aucune trace du dessin sur la surface du verre. On gomme au vernis cette image reportée sur papier et on colle cette épreuve sur carton. L'épreuve est désormais inaltérable.

Tout esprit sérieux sera frappé de la simplicité et de la grandeur de cette découverte, car il ne s'agit de rien moins que d'avoir indélébiles les admirables dessins que le soleil enfantait lui-même, mais ne nous confiait que temporairement. Comme Saturne, il dévorait ses enfants, aujourd'hui il devra respecter son œuvre. Nous invitons les amateurs de belles choses à aller voir chez Pierre Petit comme la nouvelle invention fait merveille, mais ils n'en seront point étonnés, car tous ont déjà et depuis longtemps apprécié sa science des combinaisons chimiques, son adresse de manipulateur, son expérience consommée d'artiste ainsi que son ardeur, sa fièvre de bien faire, son entente du beau ; le soin qu'il apporte à se rendre digne de sa réputation, car dans ses efforts redoublés il songe surtout à bien mériter de son art et du public.

PHOTOGRAPHIE DES DEUX MONDES

PIERRE PETIT

opère toujours lui-même, 31, place Cadet

PROCÉDÉ AU CHARBON INALTÉRABLE DE A. POITEVIN

CARTES DE VISITE

Les 12	15 fr.
Les 25	25
Les 50	40
Les 100	70
Les 12 dégradées...........	20
Une en couleur.............	15

PORTRAITS

	Noir.	Couleur.
N° 1.................	25 fr.	50 fr.
N° 2.................	40	80
N° 3.................	50	100
N° 4.................	100	200
Grandeur naturelle.....	150	400

Chaque cliché conservé, 5 fr.

TARIF DE LA PHOTOGRAPHIE ÉQUESTRE

(Voir page 37 et suivantes).

Vues de châteaux, villas, cottages, fermes, basses-cours, laiteries, etc.

Chevaux montés ou non montés.

Attelages et voitures.

Oiseaux et animaux rares, plantes curieuses, meutes, etc., etc.

Sites, parcs, jardins, pièces d'eau.

Portraits de famille.

Groupe d'invités, de domestiques, etc.

Six sujets tirés à deux exemplaires pour **200** *francs.*

Les clichés supplémentaires seront payés 25 fr.

LA PHOTOGRAPHIE DES DEUX MONDES SE CHARGE DES FRAIS DE VOYAGE ET DE TRANSPORT DANS UN RAYON DE SIX LIEUES AUTOUR DE PARIS.

P. S. Il va sans dire que rien n'est plus facile que d'exécuter à Paris les opérations photographiques que nous nous proposons d'exécuter à la campagne, c'est-à-dire de reproduire en plein air, au domicile des personnes qui le souhaiteront, les mêmes sujets, dans les mêmes conditions.

Avis important. — Suivant les traditions invariablement suivies par la PHOTOGRAPHIE DES DEUX MONDES, nous prenons l'engagement de ne donner à nos clients que des épreuves *parfaitement réussies.*

TABLE

—

Paris. — Imprimerie VALLÉE et Ce, 15, rue Breda.

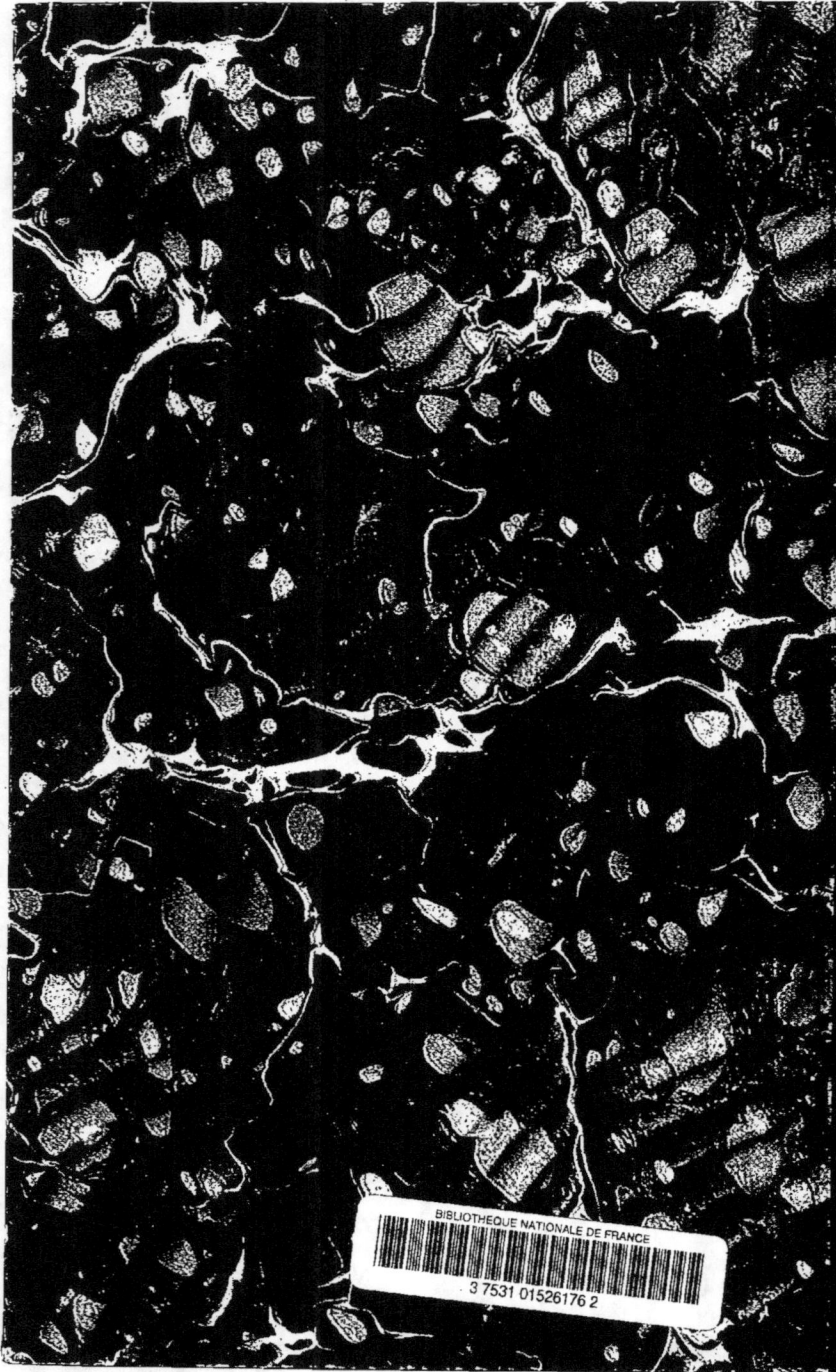

www.ingramcontent.com/pod-product-compliance
Lightning Source LLC
LaVergne TN
LVHW050610090426
835512LV00008B/1424